성경 필사 컬러링 노트

주는 나의 목자

존경하는 ____________________ 님께

____________________ 드림

북스원
BOOKSONE

이렇게 구성되어 있어요

○ 말씀 필사 노트와 컬러링 북을 한 권에 담았으며, 내용은 신약성경 중 '서신서'에서 뽑은 36편의 말씀들로 구성했습니다. 말씀들은 주제에 따라 '거듭남, 사랑, 믿음, 기도, 경건, 평안' 여섯 개 장으로 나누었습니다.

○ **필사**는 말씀을 가슴에 새겨 넣는 마음으로 정성껏 쓰십시오.
컬러링 그림은 말씀의 뜻을 형상화한 것입니다. 그림에 색을 입히면서 말씀의 뜻을 생각하고 마음을 가다듬어 보십시오.
묵상은 기도의 길잡이입니다. 말씀과 그림의 의미를 정리하고 되새기게 해줍니다. 내용을 읽고 묵상을 시작해서 자연스럽게 자신의 기도로 이어나가 보세요.

이렇게 활용하세요

○ 구성된 순서대로 해나가지 않아도 됩니다. 마음에 와닿은 말씀이나 색칠하고 싶은 그림을 먼저 선택해서 채워 나가세요.

○ 교회 소모임, 신우회, 기도 모임 등에서 활용할 수 있습니다. 소그룹으로 모여 필사하고 색칠하는 시간을 갖고, 서로의 생각을 나누고 기도하는 프로그램을 만들어 보세요.

○ 필사와 컬러링이 완성되면 오래 간직할 한 권의 아름다운 신앙 앨범이 될 것입니다.

컬러링 도구 이해

○ 색연필, 색 펜, 마카, 물감 등 자신이 선호하는 도구를 골라 원하는 색으로 하얀 면 조각을 채워 주세요.

○ 컬러링은 도구별로 색의 농도, 힘의 강약, 칠의 속도 등으로 다양한 효과를 만들 수 있습니다. 하지만 그림은 정답이 없는 공간이기에, 때론 비운 채로, 때론 이치에 맞지 않아도 선호하는 색을 선택해 칠하셔도 좋습니다.

○ 색연필은 편리성과 더불어 부드러운 색감과 하나의 색으로도 풍부한 색감을 표현할 수 있어 컬러링 북 이용자들이 가장 많이 찾는 도구입니다.

색칠 요령 - 색연필 기준

○ 연한 색을 먼저, 진한 색은 나중에 칠해 주세요. 옅게 먼저 칠하고 좀더 진하게 색을 정리해 주세요.

○ 색연필 톤을 다르게 하거나 두 가지 이상의 색을 중첩해서 쓰면 다양한 색을 만들 수 있습니다.

○ 결 방향을 균일하게 칠해 주세요. 넓은 면은 한 방향으로, 곡선의 경우 곡선의 흐름을 따라, 직선적인 그림은 직선 면을 따라 균일하게 칠해 주세요.

○ 바깥 라인은 좀 더 진하게 정리해 주세요.

색연필 농도에 따른 변화

중첩해서 칠하기

꽃의 결방향

곡선의 경우

직선의 경우

추가적인 효과

① **윤기 넣기** 미리 윤기 부분을 표시하고 나머지 부분만 칠하거나, 색을 다 칠한 후 지우개로 살짝 지워 주세요.

② **그림자 넣기** 단색으로 칠하고 그림자가 생길 부분에 조금 더 어두운 색으로 칠하면 입체적인 느낌을 줄 수 있습니다.

윤기 넣기

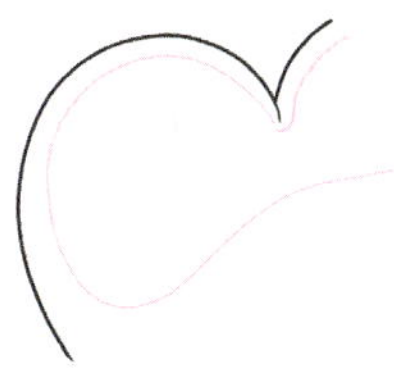

① 옅은 선으로
먼저 영역 표시

② 그 위에 채색

그림자 넣기

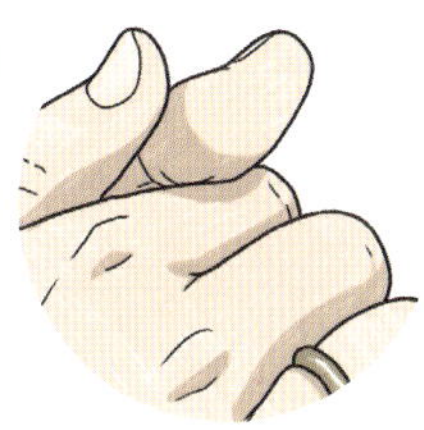

※ 차례에 제시한 컬러 견본은 제작 의도 안내를 위함이니 구애받지 않고 편하게 색칠하세요.

차례

거듭남

사랑

사랑, 믿고 견디는 것 - 32

그중에 제일은 사랑이라 - 34

사랑은 허다한 죄를 덮나니 - 36

도리어 복을 빌라 - 38

믿음

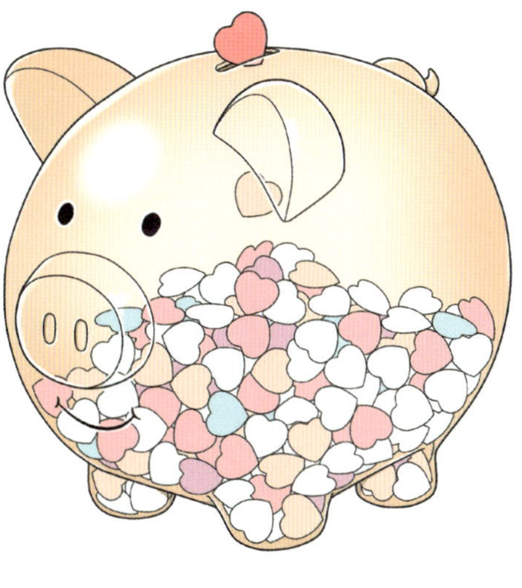

기도

하나님의 방법 - 60

성령의 검, 성령의 기도 - 62

하나님의 충만하신 것으로 - 64

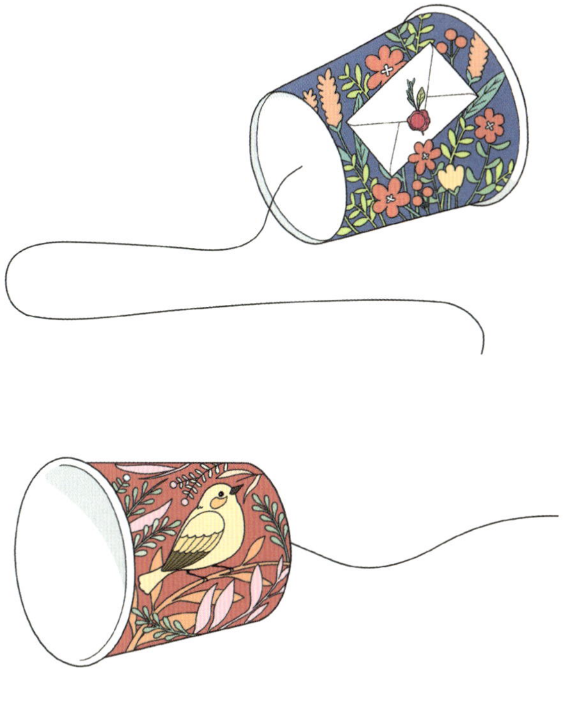

우리가 구하면 들으시리라 - 66

경건

평안

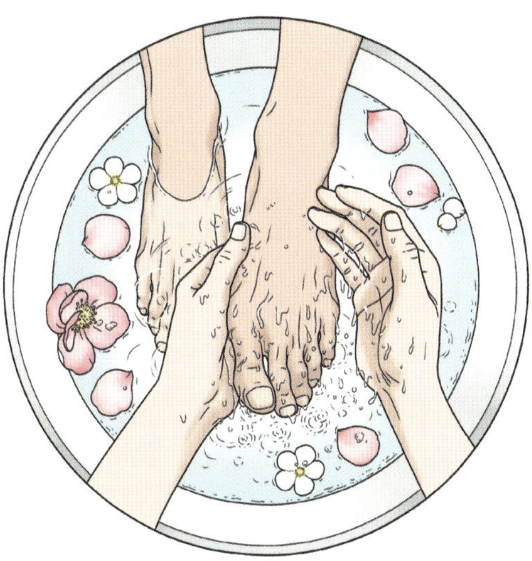

기뻐하고 감사하라 - 88

심는 대로 거두리라 - 90

부르심에 합당한 삶 - 92

푯대를 향하여 - 94

거듭남

너희가 말씀으로 거듭났으니

23 너희가 거듭난 것은 썩어질 씨로 된 것이 아니요 썩지 아니할 씨로
된 것이니 살아 있고 항상 있는 하나님의 말씀으로 되었느니라
24 그러므로 모든 육체는 풀과 같고 그 모든 영광은 풀의 꽃과 같으니
풀은 마르고 꽃은 떨어지되 25 오직 주의 말씀은 세세토록 있도다
하였으니 너희에게 전한 복음이 곧 이 말씀이니라 (벧전 1:23-25)

베드로전서 1:23-25

썩지 않는 씨앗인 주님의 말씀이 당신을 거듭나게 했습니다. 생명의 자녀인 당신은 지금 무엇을 소망하고 있습니까. 그 안에 생명과 복음의 영광이 있습니까.

내 안의 그리스도

20 내가 그리스도와 함께 십자가에 못 박혔나니 그런즉 이제는 내가 사는
것이 아니요 오직 내 안에 그리스도께서 사시는 것이라 이제 내가 육체
가운데 사는 것은 나를 사랑하사 나를 위하여 자기 자신을 버리신
하나님의 아들을 믿는 믿음 안에서 사는 것이라 (갈 2:20)

갈라디아서 2:20 . . .

그리스도께서 내 안에 계심에도 우리는 실수를 하고 잘못을 저지릅니다. 그러나 날마다 새롭게 살 수 있습니다. 내가 매일 그리스도와 함께 부활하기 때문입니다.

어둠에서 빛으로 불러내셨으니

9 너희는 택하신 족속이요 왕 같은 제사장들이요 거룩한 나라요 그의 소
유가 된 백성이니 이는 너희를 어두운 데서 불러 내어 그의 기이한 빛에
들어가게 하신 이의 아름다운 덕을 선포하게 하려 하심이라
10 너희가 전에는 백성이 아니더니 이제는 하나님의 백성이요 전에는 긍휼
을 얻지 못하였더니 이제는 긍휼을 얻은 자니라 (벧전 2:9-10)

베드로전서 2:9-10

우리는 택하신 백성입니다. 주님의 아름다운 덕을 선전하는 제사장으로 세워졌습니다. 주께서 뜻하신 대로 빛의 자녀로, 왕 같은 제사장으로 살고 있습니까.

새 사람을 입으라

22 너희는 유혹의 욕심을 따라 썩어져 가는 구습을 따르는 옛사람을 벗어
버리고 23 오직 너희의 심령이 새롭게 되어 24 하나님을 따라 의와 진리의
거룩함으로 지으심을 받은 새 사람을 입으라 (엡 4:22-24)

에베소서 4:22-24

헛된 욕망과 나태함으로 유혹하는 옛사람에게 지지 마십시오. 후회스러운 어제는 지나갔습니다. 날마다 옷을 갈아입는 것처럼 날마다 새 사람을 입으십시오.

속사람은 날로 새롭다

16 그러므로 우리가 낙심하지 아니하노니 우리의 겉사람은 낡아지나
우리의 속사람은 날로 새로워지도다 17 우리가 잠시 받는 환난의 경한 것이
지극히 크고 영원한 영광의 중한 것을 우리에게 이루게 함이니
18 우리가 주목하는 것은 보이는 것이 아니요 보이지 않는 것이니 보이는
것은 잠깐이요 보이지 않는 것은 영원함이라 (고후 4:16-18)

고린도후서 4:16-18

우리는 때때로 걸려 넘어지고, 고난을 당하지만 낙심하지 마십시오. 보이는 고난보다 보이지 않는 성장을 바라보십시오. 속사람은 날로 단단해지고 있습니다.

보라, 새 것이 되었도다

15 그가 모든 사람을 대신하여 죽으심은 살아 있는 자들로 하여금 다시는
그들 자신을 위하여 살지 않고 오직 그들을 대신하여 죽었다가 다시
살아나신 이를 위하여 살게 하려 함이라 16 그러므로 우리가 이제부터는
어떤 사람도 육신을 따라 알지 아니하노라 비록 우리가 그리스도도
육신을 따라 알았으나 이제부터는 그같이 알지 아니하노라 17 그런즉 누구
든지 그리스도 안에 있으면 새로운 피조물이라 이전 것은 지나갔으니
보라 새 것이 되었도다 (고후 5:15-17)

고린도후서 5:15-17 . . .

우리는 그리스도의 죽음으로 새롭게 태어난 사람들입니다. 이전 일에 매달리지 말고, 과거에 살지 마십시오. 오늘을 충실하게 살고, 내일을 새롭게 맞으십시오.

사랑

사랑은 두려움을 내쫓나니

18 사랑 안에 두려움이 없고 온전한 사랑이 두려움을 내쫓나니
두려움에는 형벌이 있음이라 두려워하는 자는 사랑 안에서 온전히
이루지 못하였느니라 19 우리가 사랑함은 그가 먼저 우리를
사랑하셨음이라 (요일 4:18-19)

요한일서 4:18-19

사랑하는 자는 두려워하지 않습니다. 사랑은 두려움을 이깁니다. 외줄타기처럼 외롭고 어려워도 가야 할 길이라면 담대하게 나아가십시오. 우리에게는 하나님의 사랑이 있습니다.

사랑이 없으면 아무것도 아니요

1 내가 사람의 방언과 천사의 말을 할지라도 사랑이 없으면 소리 나는
구리와 울리는 꽹과리가 되고 2 내가 예언하는 능력이 있어 모든 비밀과
모든 지식을 알고 또 산을 옮길 만한 모든 믿음이 있을지라도 사랑이
없으면 내가 아무 것도 아니요 3 내가 내게 있는 모든 것으로 구제하고 또
내 몸을 불사르게 내줄지라도 사랑이 없으면 내게 아무 유익이 없느니라
(고전 13:1-3)

고린도전서 13:1-3

아무리 유능한 사람이라고 해도 사랑이 없으면 심장 없는 로봇에 불과합니다. 생명 없는 로봇은 일하는 기계에 불과합니다. 지금 열심히 하고 있는 일의 원동력은 무엇입니까.

사랑, 믿고 견디는 것

4 사랑은 오래 참고 사랑은 온유하며 시기하지 아니하며 사랑은 자랑하지
아니하며 교만하지 아니하며 5 무례히 행하지 아니하며 자기의 유익을
구하지 아니하며 성내지 아니하며 악한 것을 생각하지 아니하며 6 불의를
기뻐하지 아니하며 진리와 함께 기뻐하고 7 모든 것을 참으며 모든 것을
믿으며 모든 것을 바라며 모든 것을 견디느니라 (고전 13:4-7)

고린도전서 13:4-7

사랑은 들뜬 감정이나 거창한 행동이 아닙니다. 사랑은 고통을 기꺼이 감당하게 하는 힘입니다.
아름다운 관계를 만드는 태도입니다. 지금 어떻게 사랑하고 있습니까.

그중에 제일은 사랑이라

11 내가 어렸을 때에는 말하는 것이 어린아이와 같고 깨닫는 것이 어린아이
와 같고 생각하는 것이 어린아이와 같다가 장성한 사람이 되어서는 어린
아이의 일을 버렸노라 12 우리가 지금은 거울로 보는 것같이
희미하나 그때에는 얼굴과 얼굴을 대하여 볼 것이요 지금은 내가 부분적
으로 아나 그때에는 주께서 나를 아신 것같이 내가 온전히 알리라
13 그런즉 믿음, 소망, 사랑, 이 세 가지는 항상 있을 것인데 그중에 제일은
사랑이라 (고전 13:11-13)

고린도전서 13:11-13 . . .

그리스도인들은 '믿음'으로 구원에 이릅니다. 그런데도 사랑이 제일이라고 말한 이유가 무엇일까요.
예수님은 사랑입니다. 사랑 없는 믿음이 가능할까요.

사랑은 허다한 죄를 덮나니

8 무엇보다도 뜨겁게 서로 사랑할지니 사랑은 허다한 죄를 덮느니라
9 서로 대접하기를 원망 없이 하고 10 각각 은사를 받은 대로 하나님의
여러 가지 은혜를 맡은 선한 청지기같이 서로 봉사하라 11 만일 누가
말하려면 하나님의 말씀을 하는 것같이 하고 누가 봉사하려면 하나님이
공급하시는 힘으로 하는 것같이 하라 이는 범사에 예수 그리스도로
말미암아 하나님이 영광을 받으시게 하려 함이니 그에게 영광과 권능이
세세에 무궁하도록 있느니라 아멘 (벧전 4:8-11)

베드로전서 4:8-11 . . .

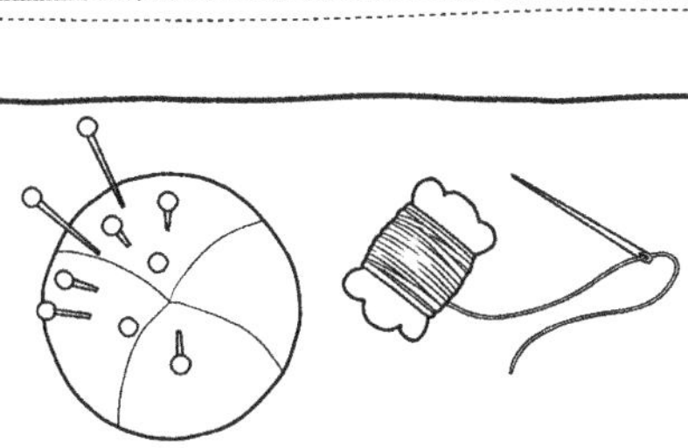

사랑은 이전의 죄를 거론하지 않습니다. 사랑으로 거듭난 사람들은 선한 청지기로서 자신이 할 수 있는 일에 최선을 다합니다. 그것이 하나님께 영광을 돌리는 길이기 때문입니다.

도리어 복을 빌라

8 마지막으로 말하노니 너희가 다 마음을 같이하여 동정하며 형제를
사랑하며 불쌍히 여기며 겸손하며 9 악을 악으로, 욕을 욕으로 갚지
말고 도리어 복을 빌라 이를 위하여 너희가 부르심을 받았으니 이는
복을 이어받게 하려 하심이라 (벧전 3:8-9)

베드로전서 3:8-9

우리는 계모에게 입맞추는 백설공주가 될 수 있을까요. 용서도 어려운데 복을 비는 일은 불가능해 보입니다. 그러나 우리는 이를 위해 부름받았습니다. 예수께서 우리에게 그렇게 하셨기 때문입니다.

믿음

믿음은 바라는 것들의 실상이요

1 믿음은 바라는 것들의 실상이요 보이지 않는 것들의 증거니 2 선진들이
이로써 증거를 얻었느니라 3 믿음으로 모든 세계가 하나님의 말씀으로
지어진 줄을 우리가 아나니 보이는 것은 나타난 것으로 말미암아 된 것이
아니니라 6 믿음이 없이는 하나님을 기쁘시게 하지 못하나니 하나님께
나아가는 자는 반드시 그가 계신 것과 또한 그가 자기를 찾는 자들에게
상 주시는 이심을 믿어야 할지니라 (히 11:1-3, 6)

히브리서 11:1-3, 6

믿음만이 아직 보이지 않는 것을 곧 나타날 것으로 확신하고 행하게 합니다. 믿음만이 바라는 것이 이미 이루어진 것처럼 감사하고 기뻐하게 할 수 있습니다. 당신은 믿고 있습니까.

믿음으로 나아간 아브라함

8 믿음으로 아브라함은 부르심을 받았을 때에 순종하여 장래의 유업으로
받을 땅에 나아갈새 갈 바를 알지 못하고 나아갔으며 9 믿음으로 그가
이방의 땅에 있는 것같이 약속의 땅에 거류하여 동일한 약속을
유업으로 함께 받은 이삭 및 야곱과 더불어 장막에 거하였으니
10 이는 그가 하나님이 계획하시고 지으실 터가 있는 성을 바랐음이라
(히 11:8-10)

히브리서 11:8-10 . . .

아브라함은 갈 바를 알지 못하면서도 익숙한 곳을 떠났습니다. 하나님의 약속과 자신의 바람이 이루어질 것을 믿고 나아갔습니다. 믿음은 불안을 이기고 소망을 이루는 힘입니다.

믿음에서 떠나게 하는 미혹

10 돈을 사랑함이 일만 악의 뿌리가 되나니 이것을 탐내는 자들은
미혹을 받아 믿음에서 떠나 많은 근심으로써 자기를 찔렀도다
11 오직 너 하나님의 사람아 이것들을 피하고 의와 경건과 믿음과 사랑과
인내와 온유를 따르며 12 믿음의 선한 싸움을 싸우라 영생을 취하라
이를 위하여 네가 부르심을 받았고 많은 증인 앞에서 선한 증언을 하였도
다 (딤전 6:10-12)

디모데전서 6:10-12

돈의 유혹은 하나님을 떠나게 할 만큼 강력합니다. 하지만 하나님나라는 돈으로 살 수 없습니다. 근심하며 돈을 쌓지 말고 믿음으로 사랑을 쌓아 가십시오. 우리가 주께 드릴 것은 믿음과 사랑밖에 없습니다.

연약한 무릎을 일으켜 세우고

[11] 무릇 징계가 당시에는 즐거워 보이지 않고 슬퍼 보이나 후에 그로
말미암아 연단 받은 자들은 의와 평강의 열매를 맺느니라 [12] 그러므로
피곤한 손과 연약한 무릎을 일으켜 세우고 [13] 너희 발을 위하여 곧은
길을 만들어 저는 다리로 하여금 어그러지지 않고 고침을 받게 하라
(히 12:11-13)

히브리서 12:11-13

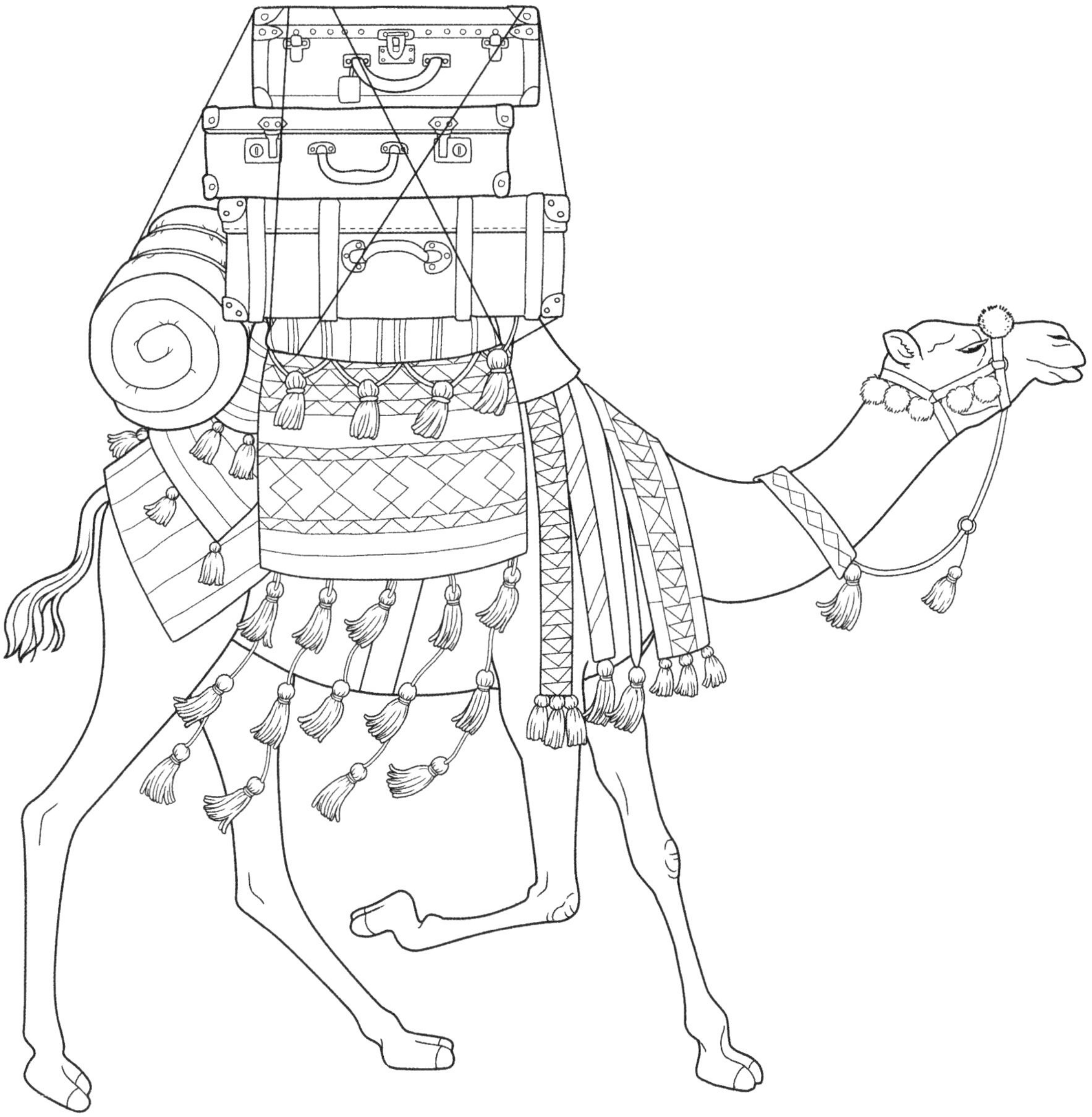

믿음의 길에도 고난이 있습니다. 고난의 시기에는 사막을 걷는 낙타처럼 가야 할 곳을 바라보며 묵묵히 나아가십시오. 곧고 튼튼해진 다리로 시원한 물과 열매가 있는 곳에 도달하게 될 것입니다.

믿음이 세상을 이긴다

3 하나님을 사랑하는 것은 이것이니 우리가 그의 계명들을 지키는 것이라
그의 계명들은 무거운 것이 아니로다 4 무릇 하나님께로부터 난 자마다
세상을 이기느니라 세상을 이기는 승리는 이것이니 우리의 믿음이니라
5 예수께서 하나님의 아들이심을 믿는 자가 아니면 세상을 이기는 자가
누구냐 (요일 5:3-5)

요한일서 5:3-5

우리의 힘은 믿음에서 나옵니다. 믿음은 고난과 유혹에 지지 않습니다. 그리스도의 사자처럼 당당하게 세상과 맞섭니다. 오직 믿음으로 세상을 이깁니다.

나의 달려갈 길을 마치고

7 나는 선한 싸움을 싸우고 나의 달려갈 길을 마치고 믿음을 지켰으니
8 이제 후로는 나를 위하여 의의 면류관이 예비되었으므로 주 곧 의로우
신 재판장이 그 날에 내게 주실 것이며 내게만 아니라 주의 나타나심을
사모하는 모든 자에게도니라 (딤후 4:7-8)

디모데후서 4:7-8

의의 면류관은 먼저 달렸거나 빨리 뛴 자에게 주어지는 것이 아닙니다. 달려갈 길을 간 자들 모두에게 예비되어 있습니다. 중단하지 말고 끝까지 뛰어 가십시오.

기도

염려하지 말고 구하라

4 주 안에서 항상 기뻐하라 내가 다시 말하노니 기뻐하라 5 너희 관용을
모든 사람에게 알게 하라 주께서 가까우시니라 6 아무 것도 염려하지
말고 다만 모든 일에 기도와 간구로, 너희 구할 것을 감사함으로
하나님께 아뢰라 7 그리하면 모든 지각에 뛰어난 하나님의 평강이
그리스도 예수 안에서 너희 마음과 생각을 지키시리라 (빌 4:4-7)

빌립보서 4:4-7

하나님께 구한 후에는 이미 받은 줄로 알고 감사하십시오. 응답이 늦더라도 염려하지 마십시오.
우리의 생각보다 주님의 계획이 더욱 크기 때문입니다.

의심하지 말고 구하라

5 너희 중에 누구든지 지혜가 부족하거든 모든 사람에게 후히 주시고
꾸짖지 아니하시는 하나님께 구하라 그리하면 주시리라 6 오직 믿음으로
구하고 조금도 의심하지 말라 의심하는 자는 마치 바람에 밀려 요동하는
바다 물결 같으니 7 이런 사람은 무엇이든지 주께 얻기를 생각하지 말라
8 두 마음을 품어 모든 일에 정함이 없는 자로다 (약 1:5-8)

야고보서 1:5-8

믿음으로 구한 사람은 의심하지 않습니다. 아무리 큰 파도가 밀려온다 해도
주의 인도하심을 믿으며 평온을 유지할 수 있습니다. 하나님께서는
바로 그런 믿음에 응답하십니다.

하나님의 방법

27 그러나 하나님께서 세상의 미련한 것들을 택하사 지혜 있는 자들을
부끄럽게 하려 하시고 세상의 약한 것들을 택하사 강한 것들을 부끄럽게
하려 하시며 28 하나님께서 세상의 천한 것들과 멸시 받는 것들과 없는
것들을 택하사 있는 것들을 폐하려 하시나니 29 이는 아무 육체도 하나님
앞에서 자랑하지 못하게 하려 하심이라 (고전 1:27-29)

고린도전서 1:27-29

하나님의 선택은 우리와 다릅니다. 하나님의 방법은 우리를 뛰어넘습니다. 이것이 우리가 절망하지도, 자랑하지도 말아야 할 이유입니다.

성령의 검, 성령의 기도

14 그런즉 서서 진리로 너희 허리 띠를 띠고 의의 호심경을 붙이고
15 평안의 복음이 준비한 것으로 신을 신고 16 모든 것 위에 믿음의 방패를
가지고 이로써 능히 악한 자의 모든 불화살을 소멸하고 17 구원의 투구와
성령의 검 곧 하나님의 말씀을 가지라 18 모든 기도와 간구를 하되 항상
성령 안에서 기도하고 이를 위하여 깨어 구하기를 항상 힘쓰며 여러
성도를 위하여 구하라 (엡 6:14-18)

에베소서 6:14-18

주의 말씀과 기도로 우리 스스로를 지키십시오. 말씀으로 무장하고 믿음으로 나아가십시오. 항상 성령 안에서 기도하십시오. 늘 깨어 있는 자만이 성령으로 구할 수 있습니다.

하나님의 충만하신 것으로

17 믿음으로 말미암아 그리스도께서 너희 마음에 계시게 하시옵고 너희가
사랑 가운데서 뿌리가 박히고 터가 굳어져서 18 능히 모든 성도와 함께
지식에 넘치는 그리스도의 사랑을 알고 19 그 너비와 길이와 높이와 깊이가
어떠함을 깨달아 하나님의 모든 충만하신 것으로 너희에게 충만하게
하시기를 구하노라 (엡 3:17-19)

에베소서 3:17-19 . . .

우리는 믿음과 사랑과 지식이 우리에게 충만하기를 구해야 합니다. 세상의 풍요가 아니라 하나님의 충만하심이 우리에게 충만하게 넘치기를 구해야 합니다.

우리가 구하면 들으시리라

13 내가 하나님의 아들의 이름을 믿는 너희에게 이것을 쓰는 것은 너희로
하여금 너희에게 영생이 있음을 알게 하려 함이라 14 그를 향하여 우리가
가진 바 담대함이 이것이니 그의 뜻대로 무엇을 구하면 들으심이라
15 우리가 무엇이든지 구하는 바를 들으시는 줄을 안즉 우리가 그에게
구한 그것을 얻은 줄을 또한 아느니라 (요일 5:13-15)

요한일서 5:13-15 . . .

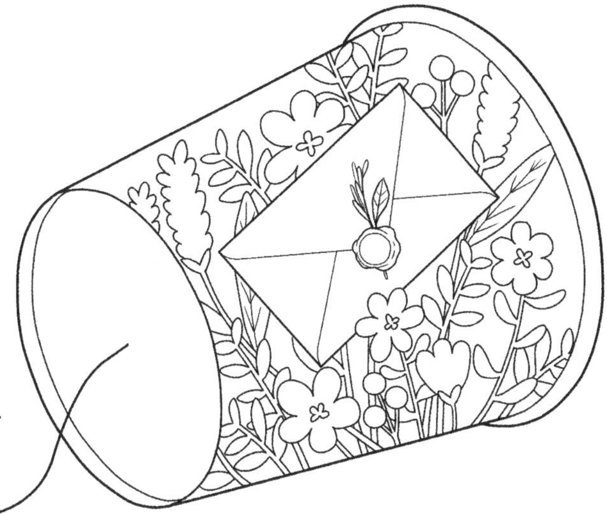

우리가 하나님께 구한 것은 허공에 흩어지지 않습니다. 우리가 구한 것은 얻은 줄로 아십시오.
가장 좋은 때에 가장 좋은 방법으로 이루어질 것을 믿으십시오.

경건

나는 하나님의 성전

16 너희는 너희가 하나님의 성전인 것과 하나님의 성령이 너희 안에 계시는
것을 알지 못하느냐 17 누구든지 하나님의 성전을 더럽히면 하나님이
그 사람을 멸하시리라 하나님의 성전은 거룩하니 너희도 그러하니라
18 아무도 자신을 속이지 말라 너희 중에 누구든지 이 세상에서 지혜 있는
줄로 생각하거든 어리석은 자가 되라 그리하여야 지혜로운 자가 되리라
(고전 3:16-18)

고린도전서 3:16-18 . . .

우리는 하나님이 거하시는 성전입니다. 거울에 자신을 비춰보고 청결히 하듯 자신을 돌아보십시오.
악한 생각과 부정적인 감정이 성전을 뒤덮지 않도록 늘 깨어 있으십시오.

우리를 깨끗하게 하시고

7 그가 빛 가운데 계신 것같이 우리도 빛 가운데 행하면 우리가 서로
사귐이 있고 그 아들 예수의 피가 우리를 모든 죄에서 깨끗하게 하실
것이요 8 만일 우리가 죄가 없다고 말하면 스스로 속이고 또 진리가
우리 속에 있지 아니할 것이요 9 만일 우리가 우리 죄를 자백하면 그는
미쁘시고 의로우사 우리 죄를 사하시며 우리를 모든 불의에서 깨끗하게
하실 것이요 (요일 1:7-9)

요한일서 1:7-9

죄를 변명하는 자가 아니라 죄를 고백하는 자가 사함을 받습니다. 하나님 앞에 숨김없이 내려놓으십시오.
주께서 우리의 죄를 씻어 깨끗하게 해주실 것입니다.

시험을 받는 이유

13 사람이 시험을 받을 때에 내가 하나님께 시험을 받는다 하지 말지니
하나님은 악에게 시험을 받지도 아니하시고 친히 아무도 시험하지 아니하
시느니라 14 오직 각 사람이 시험을 받는 것은 자기 욕심에 끌려
미혹됨이니 15 욕심이 잉태한즉 죄를 낳고 죄가 장성한즉 사망을 낳느니라
(약 1:13-15)

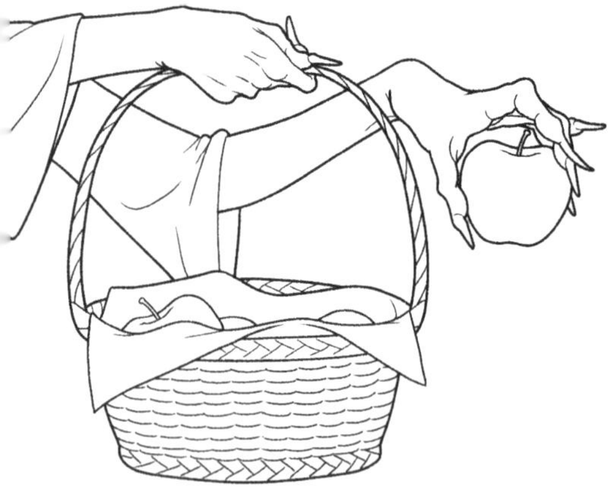

야고보서 1:13-15

시험을 받는다고 느끼는 것은 마음이 미혹되었기 때문입니다. 미혹은 욕심 때문에 일어납니다.
자기 욕심을 하나님의 시험으로 변명하고 있지 않습니까.

듣기는 속히, 말하기는 더디게

19 내 사랑하는 형제들아 너희가 알지니 사람마다 듣기는 속히 하고
말하기는 더디 하며 성내기도 더디 하라 20 사람이 성내는 것이 하나님의
의를 이루지 못함이라 21 그러므로 모든 더러운 것과 넘치는 악을
내버리고 너희 영혼을 능히 구원할 바 마음에 심어진 말씀을 온유함으로
받으라 22 너희는 말씀을 행하는 자가 되고 듣기만 하여 자신을 속이는
자가 되지 말라 (약 1:19-22)

야고보서 1:19-22

듣기에 힘쓰고 말은 천천히 하십시오. 말하기를 천천히 하면 성급한 화를 누그러뜨릴 수 있습니다.
화를 가라앉히는 것만으로도 악한 영이 틈타는 것을 막을 수 있습니다.

약한 자를 돌보라

26 누구든지 스스로 경건하다 생각하며 자기 혀를 재갈 물리지 아니하고
자기 마음을 속이면 이 사람의 경건은 헛것이라 27 하나님 아버지 앞에서
정결하고 더러움이 없는 경건은 곧 고아와 과부를 그 환난중에 돌보고
또 자기를 지켜 세속에 물들지 아니하는 그것이니라 (약 1:26-27)

야고보서 1:26-27

말을 조심하지 않으면 경건에 이를 수 없습니다. 약한 이웃을 돌보지 않고서 경건에 이를 수 없습니다. 진정한 경건은 겸손한 마음과 의로운 행동으로 나타납니다.

나를 쳐서 복종함은

25 이기기를 다투는 자마다 모든 일에 절제하나니 그들은 썩을 승리자의
관을 얻고자 하되 우리는 썩지 아니할 것을 얻고자 하노라 26 그러므로
나는 달음질하기를 향방 없는 것같이 아니하고 싸우기를 허공을 치는
것같이 아니하며 27 내가 내 몸을 쳐 복종하게 함은 내가 남에게 전파한
후에 자신이 도리어 버림을 당할까 두려워함이로다 (고전 9:25-27)

고린도전서 9:25-27

자기를 쳐 복종함은 억지로 참으며 괴롭게 애쓰는 것이 아닙니다. 세상이 추구하는 '곧 썩을 승리자의 관'을 돌아보지 않는 것입니다. 절제와 복종은 썩지 않을 생명의 관을 얻기 위한 믿음의 태도입니다.

평안

이 마음을 품으라

5 너희 안에 이 마음을 품으라 곧 그리스도 예수의 마음이니 6 그는 근본
하나님의 본체시나 하나님과 동등됨을 취할 것으로 여기지 아니하시고
7 오히려 자기를 비워 종의 형체를 가지사 사람들과 같이 되셨고 8 사람의
모양으로 나타나사 자기를 낮추시고 죽기까지 복종하셨으니 곧 십자가에
죽으심이라 (빌 2:5-8)

빌립보서 2:5-8

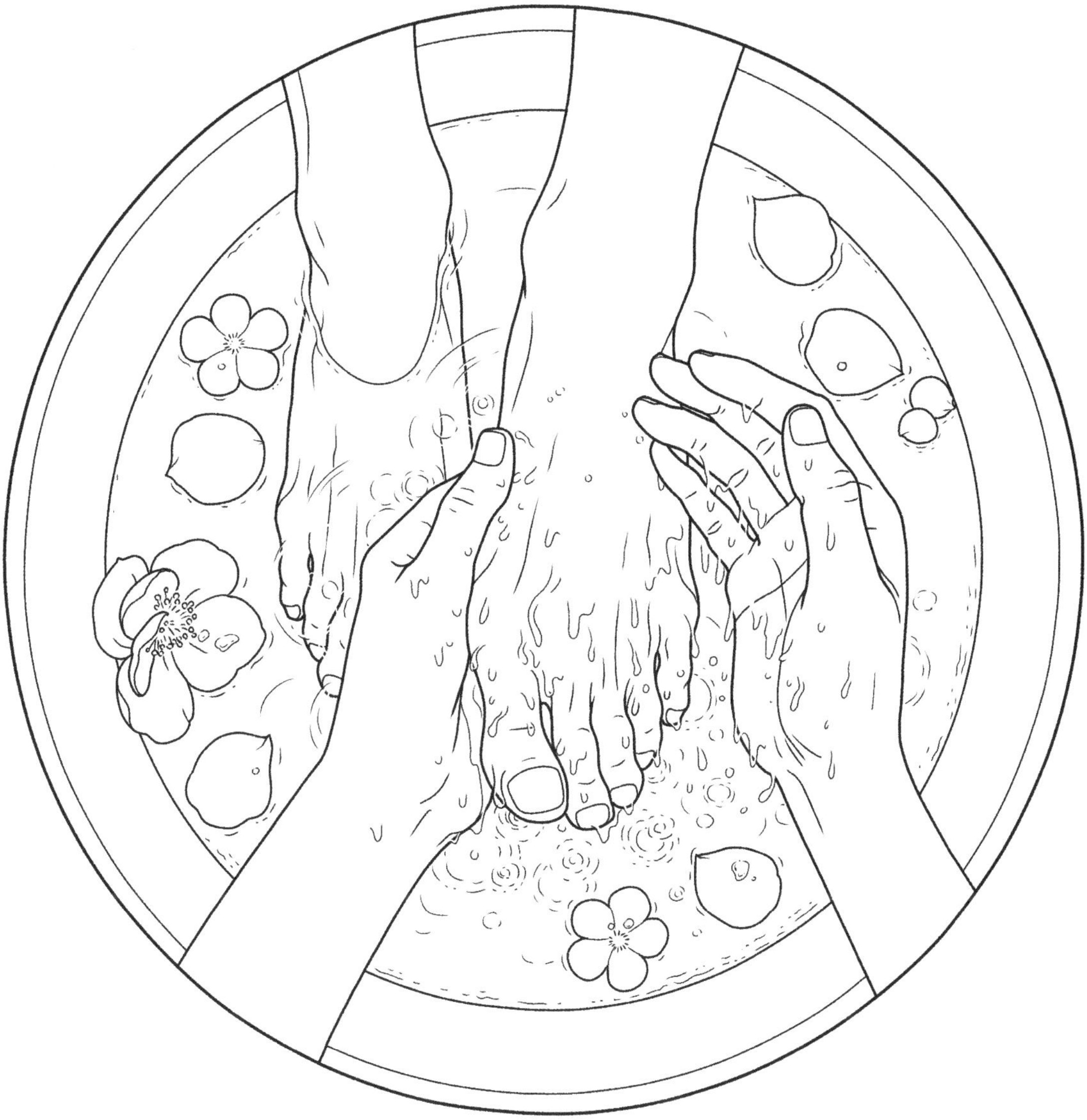

마음에 억울함이 있습니까. 섭섭함이 있습니까. 사람들의 인정을 바라지 않고 자기를 낮추신 예수님의 마음을 느껴 보십시오. 주님의 위로가 함께할 것입니다.

자족의 비결

11 내가 궁핍하므로 말하는 것이 아니니라 어떠한 형편에든지 나는
자족하기를 배웠노니 12 나는 비천에 처할 줄도 알고 풍부에 처할 줄도
알아 모든 일 곧 배부름과 배고픔과 풍부와 궁핍에도 처할 줄 아는
일체의 비결을 배웠노라 13 내게 능력 주시는 자 안에서 내가 모든 것을 할
수 있느니라 (빌 4:11-13)

빌립보서 4:11-13

궁핍을 걱정할 것도 풍요를 자랑할 것도 없습니다. 주께서 능력 주시는 자는 무슨 일이든 할 수 있음을 믿으면, 어떤 상황에 처하든지 자족하고 감사하며 평안을 누릴 수 있습니다.

기뻐하고 감사하라

16 항상 기뻐하라 17 쉬지 말고 기도하라 18 범사에 감사하라 이것이
그리스도 예수 안에서 너희를 향하신 하나님의 뜻이니라 19 성령을
소멸하지 말며 20 예언을 멸시하지 말고 21 범사에 헤아려 좋은 것을 취하고
22 악은 어떤 모양이라도 버리라 (살전 5:16-22)

데살로니가전서 5:16-22

항상 기뻐하는 것은 살아 있음을 기뻐하는 것입니다. 범사에 감사하는 삶은 평범한 일상에 감사하는 것입니다. 특별한 행운이 없어도 우리의 일상은 기쁨과 감사로 넘칠 수 있습니다. 그것이 그리스도인의 삶입니다.

심는 대로 거두리라

7 스스로 속이지 말라 하나님은 업신여김을 받지 아니하시나니 사람이
무엇으로 심든지 그대로 거두리라 8 자기의 육체를 위하여 심는 자는
육체로부터 썩어질 것을 거두고 성령을 위하여 심는 자는 성령으로부터
영생을 거두리라 9 우리가 선을 행하되 낙심하지 말지니 포기하지
아니하면 때가 이르매 거두리라 (갈 6:7-9)

갈라디아서 6:7-9

선한 일의 결과가 빨리 나타나지 않는다고 실망하지 마십시오. 심은 결과는 하나님께서 정하신 때에 나타나 놀라운 열매를 맺을 것입니다.

부르심에 합당한 삶

1 그러므로 주 안에서 갇힌 내가 너희를 권하노니 너희가 부르심을 받은
일에 합당하게 행하여 2 모든 겸손과 온유로 하고 오래 참음으로 사랑
가운데서 서로 용납하고 3 평안의 매는 줄로 성령이 하나 되게 하신 것을
힘써 지키라 (엡 4:1-3)

에베소서 4:1-3

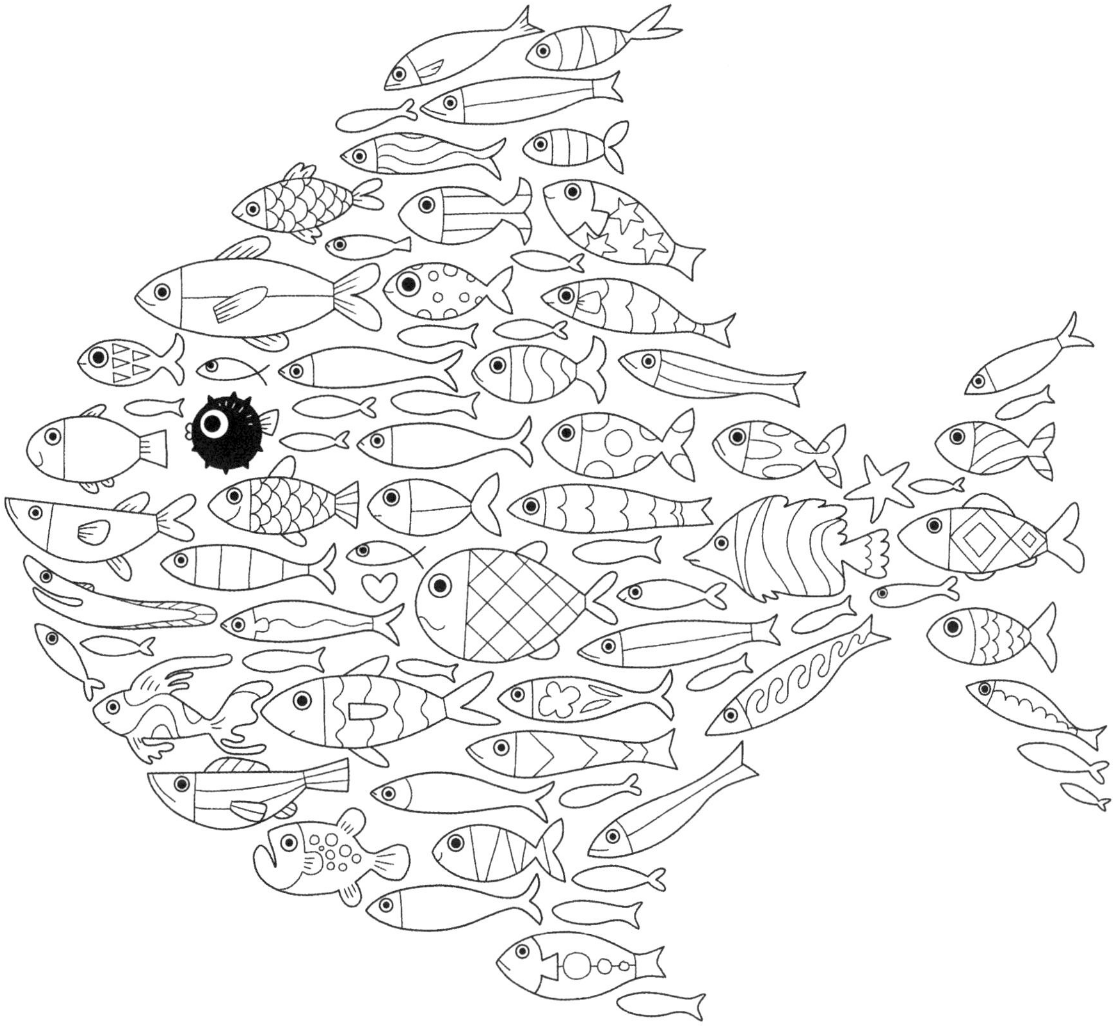

성격도 다르고 은사도 제각각인 우리를 주께서 부르셨습니다. 부르심을 받은 일에 합당하게 행하십시오.
성령께서 우리를 하나되게 하셔서 하나님의 큰 영광이 드러나게 하실 것입니다.

푯대를 향하여

12 내가 이미 얻었다 함도 아니요 온전히 이루었다 함도 아니라 오직 내가
그리스도 예수께 잡힌 바 된 그것을 잡으려고 달려가노라 13 형제들아
나는 아직 내가 잡은 줄로 여기지 아니하고 오직 한 일 즉 뒤에 있는 것은
잊어버리고 앞에 있는 것을 잡으려고 14 푯대를 향하여 그리스도 예수
안에서 하나님이 위에서 부르신 부름의 상을 위하여 달려가노라 (빌 3:12-14)

빌립보서 3:12-14

이미 지난 일은 잊어버리십시오. 잘한 일이건, 잘못한 일이건 과거의 일에 발목 잡히지 마십시오.
성취할 목표를 향해 나아가며 오늘을 충실하게 사십시오.

기획 버거홀릭
기독교 출판 기획 집단. 편집자, 디자이너, 일러스트레이터가 햄버거 집에서 모여 출발했다. 각종 재료를 한데 모아 버거를 만들듯이 각자에게 주어진 달란트를 모아 세상에 하나님을 소개하자고 의기투합했다.

그림 신은정
새로운 캐릭터를 만들고 연출하는 일이 행복한 일러스트레이터. 그린 작품으로는《천로역정 주니어》,《닉 부이치치의 점프》(이상 두란노),《엄마가 모르는 네 살의 심리》,《배려깊은 사랑이 행복한 영재를 만든다》(이상 초록아이) 등이 있다.

성경 필사 컬러링 노트
주는 나의 목자 _ 위로와 평안의 말씀 편

1판 1쇄 펴낸날 2023년 9월 18일

기획 편집 버거홀릭
그린이 신은정
펴낸이 이용훈

펴낸곳 북스원
등록 제2015-000033호
주소 서울시 송파구 오금로44나길 5, 401호
전화 010-3244-4066
이메일 wisebook@naver.com
공급처 (주)비전북 031-907-3927
ISBN 979-11-92468-04-4 03230